JN438233

저녁, 십 분 전 여덟 시

시와문화의 시집 33

저녁, 십 분 전 여덟 시

마선숙 시집

시와문화

■시인의 말

이 生

흰 바다처럼 쓸쓸한 날

무욕의 원고지에 나를 채워 넣었다

마음이 하늘에 닿아

새싹이 돋았다

시를 통해

山門으로 출가하듯

맑은 성찰 하고 싶다

2018년 가을

마선숙

|차　례|

제2부 어머니의 갈숲

제3부 전복대의 혀

제4부 움트다

제1부
저녁, 십 분 전 여덟 시

가을을 보다

기차는 오지 않는다

녹슨 철길 옆
머리 헝클어진 코스모스
빈혈처럼 창백하고
붉은 국화 잇몸 보이며
가을 끝자락에 흩어진다

낯선 항구
비릿한 간이역사
표 들고 서 있어도
기차는 스치기만 하고 서지 않는다

그녀는 정녕 기차를 기다리는가

세월이 시간을 낙엽처럼 떨구는데
집은 멀고 기차는 닿지 않으면 어디로 가나

주머니 뒤져
수전증처럼 손을 떨며

알약을 쓸쓸히 입안에 털어 넣는다

혀가 생이 구멍 뚫린 듯 진저리 친다

그녀는 기차를 기다린 것도 잊은 듯
문득 하늘을 보더니
빈혈의 코스모스처럼 가을 속으로 들어간다

가을의 대학로

가을이 혀를 내밀며 히죽히죽 걷는다
앞장서는 가을을 앞세우고 대학로로 간다

머리 비듬 긁으며 빵 굽는 아주머니
사주점 보는 돋보기 할아버지
모자 파는 휘파람 닮은 청년이
가을 풍경 속에 졸고 있다

뚱뚱한 아가씨는 텅 빈 공중전화 부스에서
벨이 울리기를 기다리고
거리 한쪽에서는
헌혈 유혹하는 소리가 가을을 깨트린다

열쇠를 메주처럼 걸어놓고 손님 기다리는 아저씨는
인생의 열쇠를 안다는 듯 느긋이 실눈 뜨고
마로니에 실개천에서는
살찐 쥐 한 마리가 배실배실 웃으며 도망가고 있다

동방의 등불 타고르와
낙망은 청년의 죽음이라는 안창호 선생 동상도

노랗게 물들었다

바람의 머리를 한 여대생이 팔에 끼고 있는 괴테도
어디선지 흘러나오는 슈베르트도
숨진 가객 김광석 동판과 함께 가을 속으로 빠진다

학전 소극장 앞의 연극 포스터가
도시의 뒷골목을 떠돌다
발밑에서 아양 떤다
거리에 버려진 신문지도 쓰레기통 옆에서 낮잠 자고

가을의 대학로
풍경과 함께 더 익어가고 있다

괄호

진입금지 구역 하나 있다

내 속에 숨긴 괄호
횡단보도 없어 아무도 건너오지 못하는

칼에 베여서도 안 되고
돌부리에 넘어져서도 안 되는

꿈을 넣어 완성한 나만의 경계

세상에 지불하는 방세
생의 쓸개들

그래도 괄호에 의지해
세상 건넌다

건조한 지구별에서
이마에 새를 앉히듯 그렇게

길과 벼랑 사이

길 몇 가닥 안고 걷다
벼랑을 만났다

칼로 자른 허공 아찔하다

멀미가 나 눈을 감았다 뜨니
벼랑에 핀 황홀한 꽃이 눈에 들어왔다

허공길 기어올라
그 꽃 꺾고 싶지만
목숨이 살고 싶다고 귓속말하여 돌아서고 말았다

흙길로 내려와
마른땅 찾아 걸으며
마음으로부터 그 꽃 버렸다

동백꽃 바퀴 타고 달렸다

혹한 몰아친 겨울 한복판
실내의 동백이 폭탄처럼 개화했다
한파를 자양 삼아 붉게 타올랐다

예전에 언니는 동백이 절정이면 살림과 연애하다
발칙한 소녀처럼 집 나가 어둡도록 돌아오지 않았다
불나비에 홀리듯

문득
불량한 남자의 유혹처럼 지름신이 휘몰아쳐
엄마도 던지고 아내도 버리고
딸 방에 숨이들었다

청바지 남방 야구모자를 몰래 훔쳐
거리로 나왔다
선글라스 척 걸치고

청량리서 기차 타고 반곡 간이역에 내려
휘적휘적 건들건들 걷는데 뒤에서 누가 말 붙였다
차나 한잔 할까요

봄처녀처럼 냉이 같은 남자 하나 꽃바구니에 담을까
고개를 돌리니 딸 친구쯤의 젊은 청년이다

실례했어요
나이 든 아주머니인 줄 몰랐어요
눈이 마주치자 청년은 기겁해서 뒷걸음질 쳤다

얼굴이 동백꽃보다 더 붉게 물들었다
오늘의 지름신은 발에 맞지 않나보다

야구모자 벗어 듬성듬성 난 흰머리 드러내고
선글라스 벗어 얼굴 주름 세상에 내놓고
다시 기차에 올라 서울로 왔다

담에는 제대로 발에 맞는 지름신 찾아
동백꽃에 타죽어도 좋으니
꽃술이 낙화하듯 부서져 보리라

능파 되어 능파를 보다

생이 아픈 날
외길 능파대로 간다

고통을 흰 무명천처럼 증발시켜
파도 넘어 파도 된 능파여

소용돌이치는 억겁 해일에
벌집 구멍 난 바위
눈물 한 방울 따스하게 닦아준다

무념무상 백지 된 여인
내 몸 뚫은 꽃처럼
능파대 되어
오랫동안 능파를 지긋이 바라본다

*능파대 : 억겁 세월에 표면이 구멍 뚫린 암괴들
*능파 : 미인이 파도 위를 가볍게 걷는 모습을 형용함

목요일과 메타세콰이어

여름이 함석지붕 위에서
북새통 떨고 사라진 후
가을이 옆구리로 시리게 와도
목요일은 메타세콰이어다
숲을 향해 뻗은 나무처럼
버팀목 같은 손수레를 끌고 해바라기한다

어깨를 곧추세운 월요일과
삶의 멍에가 조여드는 화요일과
스모그가 깊어지는 수요일을 지나
세상 주름을 짊어지고
목숨이 긴 메타세콰이어 흉내를 낸다
고승처럼 온 몸으로 주말을 들어올린다

목요일이
이 쪽 저 쪽 창을 내고 가부좌하면
주말은 덩달아 따라서 들썩거리기 시작한다

물 들어올 때

물때를 놓치고
뱃길을 잃었네
물 들어올 때 노 저어야 하는데

목말라 물 찾아 헤매다
작은 물길에 마음 고백한 종이배 띄웠네

막다른 곳
꼬불꼬불 물길이 반듯하게 펴졌네

그 위 나무 소반에
파란 식탁보 깔고
찐 감자 올려놓았네

감자 한 접시에 둘러앉으니
메말랐던 가슴에 물 차오르네

딱 노 젓기 좋은 때네

상사화

한 몸이지만
만날 수 없으니
어찌 한 몸입니까

잎은 꽃을 생각하고
꽃은 잎이 그리워

상사병을 앓는데

구슬픈 피리 소리 들려주면
혹여 약이 될까요

그렇게 기다려도
어긋나는 사람

저 꽃처럼 붉었지요

떠난 자리에서
홀로 피리처럼 울었지요

수신인 가을

가을이 문을 두드리자
여름은 눈치 없이 쏟아내던 빗줄기를
하늘로 말아 올린다
연줄 걷듯

말발굽 날뛰는 오만한 보라색 소리
광목 다듬이질 하는 새벽 같은 하얀 소리
뚝 무너지는 절벽 같은 잿빛 소리
우레 번개 동원한 붉은 울음소리
술병 거꾸러지는 검은색 탄식 소리
아이들 장화 첨벙거리는 파란 소리
하수도 소용돌이치는 욕지기 누런 소리
가마솥에서 끓는 욕망 같은 회색의 가래침 소리

소란하지만 소리 없는 아우성들

취준생 절망 같고
공원 벤치 노인 한숨 같고
알바생 노동 땀방울 같고
시장 상인 생존경쟁 같은

여름은
가을에게 자리를 내주기 위해
창자처럼 길게 꼬인 빗줄기를
내려앉힌다

수신인 '가을' 이라고 써
먹구름색 크레파스 빗줄기를
우체통에 넣으며
편지로 화답한다

앞치마

습지에서도
앞치마는 묵묵히 세상 건넌다

밥물 붓고
상추 씻고
감자 썰고
무 쓰윽 문지르면
무청머리 파릇파릇 드러난다

첩첩산중 마음 하나 된다

생의 땟국들
도마 위에서 씻겨 나가고
저녁이 완성되면
앞치마는 제자리로 돌아가
얌전히 걸린다

물에 젖은
지친 몸을 벗어버리고
빈약한 생을 쓰윽 들어올리고

청산도

삶이 난해한 날
외로움이 태풍에 갇힌 것보다 쓸쓸해
청산도에 들었다

기차 타고 배 타고 걸었다
발이 부르트도록

청산도에 닿았지만 어디에도 푸르름이 없다

하늘의 푸르름을 보고 있어도
푸르름이 없다

세상에서 모욕당한 날은
떠나지 않으리
푸르름을 찾아 먼 길 가지 않으리

저녁, 십 분 전 여덟 시

저녁상 물리고
설거지 마치고
나를 주름처럼 포개 넣었던 앞치마 벗는다

찬밥처럼 속절없이 남루해
바다를 불러들인다
선유도 증도 우도

훼손당한 모욕들을 숨기며
푸른색이 멍 같은 바다에
범선 하나 띄운다

나를 담아
물살을 헤치고 망망대해로 나간다
배 기둥에 흔들리는 파문 붙들어 매고

수평선
갯벌
선창가 술집의 노래들 가까워졌다 멀어진다

더 깊이 노 젓는다
나뭇잎처럼 둥둥 표류한다

하염없다

이끄시는 대로(아! 해당화)

저를 던지니
바다가 출렁출렁 검붉게 울고 있네요
당신의 당뇨와 신경통을 위해
생명을 뿌리째 캤지요
저를 사골처럼 고아 사슴피처럼 후루룩
마시고 싶은가요
목숨이 너덜너덜 떨어졌어도
온 힘을 다해 마지막 향기로 바다를 덮겠습니다
저의 꽃말이 이끄시는 대로인 것을 아시나요
모든 비극도 벙어리처럼 묵묵히 삼키겠습니다
저는 전생에 해마다 된장 고추장을 열 항아리 담그던
칠대 종손 맏며느리일지도 모르고
굴 따다 갯벌이 된 당신 어머니 혼이거나
섬에 나가 실종된 어부 아내의 그리움 혹은
철새들이 나침반처럼 심어 놓은
이정표일지도 모르지만
당신 뱃속으로 들어가 검붉게 새로이 피고 싶습니다
물 대신 눈물을 끌어올려
꽃대에 실하게 꽃망울을 키우겠어요

바다가 멀어지네요
울음꽃도 멀어지네요
서서히 점처럼

불임의 날들

가임기가 찾아왔어
하얀 달항아리를 품고 싶어
세상이 하염없이 밝아지면
달항아리에 새를 넣을까
봄을 한줌 마시면 민들레같이 노란 아기 나올까
젖이 나오는데
벚꽃 꽃망울 같은 젖꼭지에서

의사는 상상임신이라네
상상 속에서 아이가 크고 있네

장자도

빨라서 놓친 것들을 찾아 만난
고군산열도 장자도에 간다

물에 잠겼다 솟은
갯벌 안의 내원궁

바지락 굴 고동 박하지 품은
만삭의 그녀

제 몸에 묻은 생명들 팔베개해 주며
자신의 생은 어디쯤 있는지 물어보지 않는다

물음은 없고 답만 있는
그 섬
그 갯벌
장자도

제2부

어머니의 갈숲

골무

새벽녘
불빛 따라가면
어머니가 띠처럼 머릿수건 두르고 바느질하고 있다

골무 끼고
한복 치맛자락에
빨간 수실로 장미 그려 넣고 있다

쌀독이 비어도
한겨울 내내 돌아오지 않는
아버지의 그림자를 인두로 다리며
한숨도 함께 다렸다

수십 년 어머니 가슴을 대신한 골무는
낡을 대로 낡아 구멍이 생겼다

옷도 집도 사람도 헌것이 편해
몸에 익어야 내 것이야

어머니는 하나의 길밖에 모르는 듯

새 골무는 멀리 밀쳐놓았다

봄에 밖으로 내놓은 선인장이 꽃피는 날
어머니가 수놓은 장미도 화사하게
어머니 가슴에 피어날 것이다

상처 속에서의 진주

그녀 이름은 상삐

제주도에서 물질하는 부모 대신
동생 업고 살림한 그녀 이름은 행주였다
제주도 방언으로는 상삐였다

동무들이 학교 갈 때
조개 까고 전복 팔며
키도 자라지 못했다

부모가 죽자 고향을 버리고
서울에 올라와 과일 노점상을 했다

밤이면 야학으로 까막눈이 뜨이고
이름을 행주가 아닌 주행으로 바꾼 뒤
리어카를 끌고 앞으로 달렸다

찬밥 한 덩이로 끼니를 대신하고
달리고 달려
동대문 시장까지 진출한 그녀는
큰 과일가게 주인이 되었다

돈은 많이 벌었지만
가족이 그리웠던 그녀
나이 들어 병들자
행주란 이름을 가진 소녀가장들에게
전 재산 기부하고
먼 길 홀로 떠났다

가난한 사람
눈물 닦아주는 행주가 된 것이다

걸레

하루 일 마감하고
걸레 빤다

내의 행주 수건으로 사랑받다 버려져도
남은 생명 기꺼이 내주는 너

일터에서 야근하고 온 가장의 발도 닦아주고
생활 속 오염과 얼룩도 제 몸으로 흡수한다

눈에 뜨이는 환한 곳보다
구석을 정화시키며
온갖 더러움 삼켜도
두엄더미에서 풍기는 민들레 향기 맡아진다

네 속에 숨은 식구들 체취는
우리 집의 역사

너를 헹구는 물은 까맣지만
그 영혼만은
빨래 줄 지탱 해 주는 바지랑대처럼
높고 맑을 것이다

끈

지하철 계단
기대기 편한 두 어깨
두 손 꼭 잡고 계단 내려간다

반백의 노부부
걷고 있지만
서로를 업어주며

몸이 반쯤 기울어서야
균형을 이루었다

두 마음을 칭칭 엮어
한 몸이 된
저 높은 사랑이라는 끈

까치발 집

하천 위에 지지대를 하고
한 발은 땅 위에
한 발은 물 위에 발돋움하고 선
탄광촌의 까치발 집

얼지 않게 따스하게 감싸고
김나는 밥을 먹게 해 주었던 그 연탄

해도 검고
달도 검고
피도 검고
돈도 검고
꽃무늬 벽지도 검고
눈물까지 검던 산업전사 시골집 아버지의 등 같다

갱도에서 폐가 삭아가듯
가족을 위해 멍들어가던 아버지들은
검은 석탄이 시뻘겋게 타오르듯 치열하게 살았다

생과 사

폭약처럼 위태로운 우리네 삶 속의 까치발들

그 아버지

냉동실 이야기

깊은 영하의 방
망각의 늪

가시밭길 헤치고 나온 시래기
몇 달 묵혀 노인이 되어버린 삼겹살

호기심 많은 아이 같은 아이스크림
할 말이 있는 듯 억울하게 입 벌린 통닭
유통기한 지나 녹슨 대문 같은 통조림
논두길의 그리움 같은 미나리나물
형형히 눈 뜨고 있는 살구 빛 사탕
화르르 일어나 걸을 것 같은 케이크
불면증 같은 흑갈색의 커피 캔이
바다를 항해할 날을 기다리고 있다

일상의 거짓말도 네모로 얼어
맨 아래 칸에 누워있다

어느 날
얼어붙은 것들이

뜨거운 혀로 세상에 나아가면
각각의 이야기들은
전 생애가 끝나고
냉동실은
다른 이야기들을 기다릴 것이다

버찌의 가계

버찌 씨앗이 신발에 박혔다
밑바닥 틈새에 달라붙었다

강변에서 집까지 따라온 씨앗 하나
계보를 거슬러 오르니
싱그러운 사월의 머리카락이 나풀거린다

화려한 외모로 상춘객을 유혹한 벚꽃의
어미였다

연분홍 꽃잎이 하르르 떨어질 때
꽃비를 맞으며 걸었지만
버찌는 함부로 밟았다

벚나무의 검은 눈물로 온통 얼룩진 바닥에
점점이 박힌
꽃 피우려고 밤낮으로 애쓴
봄의 씨앗이었다

삶의 공식

정육점 남자
진열장 속 붉은 울음에 핏빛으로 물든다

거리의 노동자
땀 흘리며 철근처럼 단단해진다

흙 만지는 농부
땅 빛으로 정직하고

칼 가는 남자
눈빛이 칼날처럼 번뜩인다

주부들 앞치마
얼룩덜룩
가족의 희로애락으로
집안의 스토리를 만들어간다

살 부러진 우산을 추억하며

자작자작 건들장마에
살 부러진 우산 쓰고 거리로 나섰다

비가 새니 세상 풍경도 마음속에서
새 나갔다
줄 풀린 배처럼 허탈하다

어머니는 살 늘어졌어도 바느질로 꿰매고 덧대어
세상 지붕 만들어줬다
휘어진 길 넘어지지 말라고 당부하며

늙은 어머니 우산 되고 싶은데
이미 떠나셨다

서투르나마 튼튼한 실로 살 부러진 우산 꿰매며
어머니 마음 갈무리했다

삼대 이야기

나이가 형광등처럼 껌벅이는
아버지의 아버지와
구두 고치듯 자신을 수선하고 싶은 칠순의 아버지와
세월을 견인하고 싶은 마흔의 아들이
노래방에 간다

삼대의 합창은 청춘을 돌려다오

아흔도 칠순도 마흔도
목청 높여 노래하며 서로를 관광객처럼 구경한다

대중소설처럼
테이크아웃 커피에 나이를 실려 보내고 싶은
삼대는
청춘이 소매치기 당한 듯 억울하다

삼대는 늙지 않는 탯줄처럼 청춘을 꺼내고 싶다

가는 세월 잡고
오는 세월 막으며

어머니의 갈숲

발바닥 물집 새기며 닿은 적막한 강가
바람을 등에 인 갈숲이 어서 오라고 손짓했다

반백의 머리 땋은 어머니는
백내장 흐린 눈으로
담백색 갈대를 지긋이 바라보았다

자줏빛 갈꽃 너울거린 후
열매 떨구고 늙어온 숲은
그녀의 한 생을 알고 있다

비와 바람과 추위에 몸을 내주었지만
꺾이지 않고 고통까지 말려 세상을 건너온
갈댓빛 슬픔

눈부신 초록 화려한 군무 없이
회오리처럼 흔들리면서도 돌멩이처럼
울지도 못했던 서걱임들

어머니는 습지에 몸을 싣고

허리 구부려
남은 길 가기 위해 신발을 고쳐 매었다

먼 그 길
고개 숙여 스스로 갈숲이 되기 위해

엄마는 한번도 돈 주고 극장 간 적 없다

엄마는
드라마 보다 비 오면
세상도 비 온다고 장독 뚜껑 덮으러
마당으로 나갔다

〈미워도 다시 한 번〉 표를 사다주면
아깝다고 팔고 극장에 간 척 시치미 뗐다

다듬이질하며 배시시
영화가 슬펐어 하고 거짓말 했다

일마 후
병석에 눕자
꽃무늬 원피스에 진주 목걸이 달고
진짜로 극장 가보고 싶다고 쓸쓸히 웃었다

해바라기 수놓은 원피스에
목련 같은 진주 목걸이 걸어드리고
먼 나라로 보냈지만
극장만은 옮겨 올 수 없어 안타까웠다

비 오는 여름 날
엄마 사진을 연인처럼 가슴에 품고
조조 영화를 봤다

이게 극장이야
영화가 슬프지? 하고 물으니까
빈 들판처럼 조용히 고개를 끄덕였다

엄마는 한번도 돈 주고 극장 간 적 없다

종묘

왕의 제사를 지내는 곳
종묘

고종의 후예들
무임승차 전철 타고 모여든다

갈 곳 없는 사람들 광장

외진 곳에서 돗자리 깔고 바둑 두는 무리들
삼삼오오 시국토론하며 눈에 핏발 선 잡담들
엄숙하게 무료영정 사진 찍는 검버섯 노인
먼 산 보며 백발가를 중얼거리는 대머리
때 묻은 입성으로 여기저기 손 내미는 검은 안경

무료커피 봉사자들이 오자
우르르 젊음을 넣어 마신 후
햇볕을 찾아 담벼락에 몸을 기댄다

처진 어깨들끼리
앉아서 끄덕끄덕 졸며

자신을 제사 지내는 것 같은 풍경들

누군가 종이학을 날리자
부리가 시든 누런 학은
체념의 국밥을 싣고 비실비실 날아간다
검은 스모그를 안고 시나브로 자취를 감춘다

나도 뒤 따라 가야 할
종묘
그 거리
제사 지내는 곳

주인은 언제 돌아오는가

밀림 아파트
칠흑 같은 실내
초승달 창으로 들어온다

집안 생명체들
초승달 옆으로 모여든다

나무 냄새 사라진 나무장롱
주야로 신열에 시달리는 냉장고
화면이 비 오는 낡은 티브이
물에 퉁퉁 불은 세탁기
김 토하며 멀미하는 압력밥솥
초록이 지워진 커피 잔들

나무 장롱이 나도 꿈이 있었어 하니
다들 나도 나도 하며
주인이 돌아오지 말았으면 좋겠다고 수런거린다

먼 데서 들리던 주인 발자국 소리 점점 가까워지자
초승달도 슬그머니 숨고
집안의 생명체들 입을 꾹 닫고 벙어리 된다

은행나무 부부

거리의 은행나무 두 그루
암나무 수나무 사이좋게 서 있다

우람한 수나무
암나무에게 갈바람 막아주고
큰물이 와도 제 뿌리로 가두어 암나무 보호한다

때 되면
꽃가루 암나무에게 날려
열매 맺게 해주고
벌레 오지 못하도록
역한 냄새 풍기며 제 어린 것 지킨다

은행나무 같은 부부

살과 뼈로 낳은 자식
기저귀 갈아주고
먹다 남은 반찬도 처리해주는
남의 편 아닌 내 편

마주보고 활짝 피어난다

찜질방에서 작아지다

사는 게 얼얼해
심장이 비처럼 출렁이면
불임에서 일어나 찜질방에 간다

냉탕 온탕에 삶의 두려움을 변비처럼 밀어내고
신분증 없는 반라의 몸으로 앉은뱅이 슬픔을 눕힌다

아파트 시세 내려앉아 허기진 중년 여자는
찬 식혜를 들이키고
주식으로 재산 날려 암전된 노숙자는
흑백영화처럼 멍하다
허탕으로 낮 시간을 죽이던 영업사원은
실비 보험을 떠들고
취직 못한 백수 청년은 사회를 안주처럼 토막낸다
주름이 번데기 같은 늙은 할머니는
과거엔 예뻤어 하며 젊음을 아쉬워하고
팽팽한 새댁은 족집게로 눈썹 뽑으며
시집을 눈 흘긴다

해가 서산마루에 걸리자

잡담들 한둘씩 악보 접듯 귀환하고
삶의 터전으로 깃들이고 싶었던 침묵도
행렬처럼 몸을 일으킨다

바람을 등진 집에서
불가마에 익은 감자로 노란 전등불 켜고
세 평 마루에 푸른 잔디로 식탁 차려
새벽에 완성하지 못한 문장 하나를 쓴다

작아지자 하고

푸줏간에 가서

저녁 준비하러 고기를 사러 갔다

노을 같은 붉은 진열장 속에
토막토막 잘려진 생고기와
냉동 고기들이 도마 위 갈고리에 꽂혀있고
검붉은 혀 같은 선지가 양푼에 담겨있다

천정에 매단 비닐 끈에
금줄처럼 주렁주렁 매달린 가격표들

한우 등심 600그램 육만 오천 원
호주산 양시 100그램 시천오백 원
미국산 등심 600그램 삼만 팔천 원

지갑이 가벼워 한우는 만지작거리기만 하고
호주산 양지를 한 근 사서 돌아섰다

뒤를 쫓아오는 노을들
세월과 함께 노을이 되어가는 여자

과거 살아온 흔적이
비닐 끈에 걸려 경매되면 어떤 값이 매겨질까

나이를 안고
노을 속으로 한 발 한 발 걸어가며
얼굴이 선지처럼 붉게 달아올랐다

찌그러진 양푼에 녹음이

식탁 위 보라색 무 장다리꽃

무 뿌리를 물에 담갔더니
무성한 초록으로 합창한다
미나리 뿌리도 잘라 심으니 파릇파릇하고
고구마 순 넝쿨도 눈을 정화시킨다

시집 올 때 갖고 온 양푼
딸이 찌그러졌다고 버려
다시 주워 물 붓고 싹 키우니
집 나간 자식 돌아온 듯 반갑다

흑백사진 같은 역사가 안부편지처럼 녹아있는
우물 닮은 양푼
논둑길 밭둑길로 된장찌개 끓여 나르고
시래깃국으로 추억을 함께 했다

찌그러진 양푼
덩달아 환하다

제3부

전봇대의 혀

10월 2일 탄광 위령제에서

먹고 살기 힘들던 시절
맨몸뚱이로 입갱해 산화된
4085위 위령제 진혼굿이 춤을 춘다

하늘에 닿는 덩더쿵 덩더쿵

죽을 사자 무서워 네 주걱 피한 도시락 차고
석탄 캐다 지하 끝 막장 천 미터에서 순직한 넋들

그들이 살던
개울가 까치발 집 벽에 그려 넣은
노란 꽃은 지금도 만개했는데
우리들 아버지와 오빠와 남편은
하얀 상여 되었네

스스로 가장이 된 소복들이
바람처럼 흐느끼네

매일 이별하고 재회하며
오늘도 무사히를 빌었건만

진폐증 안고 묻혀
뼈가 삭은 여인네들

눈물도 사무치게 검고
피도 검붉고
심장도 검었기에
내생에는 푸른빛으로 환생해
한세상 편하게 살기 바라며
덩더쿵 덩더쿵

10월 2일은
단 하루만이라도
산업화 시대의 뒷길을 여행하고 싶다

거미의 집

작은 바람에 흔들리지만
큰 바람에 끄떡없는 집
어느 우주 한 귀퉁이를 단단히 옭아맸을까

낡은 아파트 계단과
담쟁이 맥문동 사철나무 가지에
집을 걸어둔 저 작은 목수

이슬에 반짝이는 투명한 집
명주실보다 아름다워
가늘고 견고한 너의 일생을
차마 걷어낼 수 없구나

그래도 산 입에만은
거미줄 치지 말아다오

허공에 층층이 집 한 채 짓고
한 목숨 살아내야 한단다

공갈을 빨며

장기 투숙 중인 불면을 녹여 삼킨다

수면안대로 눈 가리고
한 알의 잠을 들이켜도
세상의 상처가 도지면
벽장에 숨겨 둔 공갈 젖꼭지를 꺼내 빤다

젖 없는 젖
공갈을 빨면
어른이 사라지고
철없는 아이가 누워있다
가슴 치던 내가 없다

새벽이 오는 소리에
화들짝 젖꼭지를 문 아이는
벽장으로 사라지고
수면안대 속에 젖꼭지를 놓친
붉게 충혈된 눈만 몰래 숨어있다

궁전모텔

비 추적이는 시외버스 터미널
막차서 내린 허름한 사내 모텔 간판 본다

까멜리아 궁전 백악관 청송 물보라

사내 진저리치듯 머리 빗물 털며
궁전모텔 문 열고 들어간다

헤져서 물 들어오는 구두 벗고
땟국 옷 입은 채 그대로 눕는다

출렁출렁 사내를 밑바닥으로 가라앉히는 녹슨 침대

사내는 욕설과 함께 다시 일어나
바지 뒤춤에 찌른 소주 들이킨다

얼굴이 불콰해져서 창문 연다

쏴아
세상과 통하는 빗줄기

창에다 손가락으로 시발이라고 썼다 박박 지운다
시간도 닫고 창문도 닫고 침대에 몸을 눕힌다

잠 속에서나마
궁전에서 사는 꿈 꾸고 싶다고 눈을 꾹 감고
잠을 재촉한다

그림자

골목길
누군가 쫓아온다

뒤돌아보니
아무도 없다
찬바람만 두 겹 심장을 할퀸다

키가 큰 가로등은
긴 그림자를 거느리고
나는 작은 그림자와 함께
하루의 끝을 간다

검은 옷 밤의 그림자는
보이지 않고
골목은 셋이 길을 간다

광장에 파란 물 들이며

나라가 파랗게 소생했다

촛불 염원이 하늘에 닿아
기득권 부패들 물러가고 새 지도자 도래했다
어둠의 세력들 민중 눈 가려도
진실 이길 수 없다
의로운 시민들 솟대처럼 징 올리며 펄럭이고
적폐덩어리들 찬 물 한 컵으로 무릎 꿇었다

광장의 촛불 절대 꺼지지 않고
통합과 개혁의 횃불로 타오를 것이다
내일도 모레도 전진해
우리의 개혁을 환하게 이끌 것이리

국민이 주인으로 인권 존중되면
광장의 열사 되어 촛농처럼 녹아내려도 좋다
잃어버린 혀 되찾아 약자들 일터가 따스해지면
광장에서 가부좌하다 등신불 되어도 후회 없으리
내가 태어난 나라
어둠 찢은 촛불 민주주의 정신으로 길 밝힐 것임에

광장에서

광장 수은주 영하여도
이순신 장군 발 따스하고
검게 얼룩진 밀실 일곱 시간
304영혼 얼어붙게 할 수 없다

헐값 벼로 거리에 나앉은 농민은
트랙터에 한숨 감추고
사람답게 살고 싶다는 샐러리맨은
맥없이 울분을 토한다
일자리 없어 백수인 청년은
정처 없이 떠돌며 실의에 차 있고
단정한 교복 속 학생은
부모 덕에 대학가는 가짜들에 좌절한다
이세를 꿈꾸지만 방 한 칸 없이 쫓기는 연인은
공정한 사회를 그리며 속앓이하고
희망둥이 업고 먼 길 걸어온 주부는
차벽에 꽃 스티커 붙이며 미래 세상 꿈꾼다

불의에 저항해 하나 된 사람들
촛불로 온몸 불사르며 새벽을 손짓한다

검은 혀들은
그 혀가 자기 삼킬지 몰랐나

미친 코뿔소 등에 탄 결핍과 몰염치들
촛농 되어 녹자
꽃무늬 벽지 된 차벽이
한 뼘 두 뼘 물러나 길을 비춘다

제도권 눈길 받아본 적 없는 큰길의 국민들
찬 땅바닥에서 어둠 호호 불며 떨었지만
조용히 신성하다

나무와 자전거와 노숙자

수유리 유흥가 뒷골목
찌그러진 자전거 한 대 나무 밑에 누워있다

땟국물 범벅 술 취한 노숙자들
자전거
친구처럼 얼싸안고 있다

나무가 자전거를 예수처럼
자전거가 남자를 예수처럼 바라본다

청소부가 자전거를 수거하기 전
자전거는 바퀴 떼어 멈춰버린 생 달리게 하고 싶다

나무는 바람 불 때마다 안타깝게 소리 지른다
일어나라
벌떡 일어나라

잠은 깊고 단단하다
그 소리는 꿈 밖에서 서성거리고

도시의 절시동물

저녁 어스름
귀갓길 분주하다
도시는 거대한 레미콘처럼 돌아가다 멈추고

세끼 밥 위해
눈 코 입 관절 더듬이와 다리로 꿈틀거린 하루
척추 뼈 잃고
꿈도 녹슨
곤충류 갑각류 거미류 다지류들

두려움을 만취로 밀어내고
벤치에 누운 낙엽처럼 널브러지거나 색맹 되거나

푸른 날개도 절지하고
자신을 자르고 마는

척추 뼈도 없는 무리들
오늘도 위태한 하루를 통과 중이다

레미콘의 힘

콘크리트 제조 공장에서 달려온 트럭 믹서
둥근 통 돈다

빙글빙글
물과 모래 자갈 시멘트 뒤섞인다
반죽 된 시멘트 굳지 않게 쉬지 않으며

바닥에서 배관을 타고 오르는 힘은 회전

벽돌 지고
모래 지고
가파른 계단 오르던 잡부 대신

단숨에 고층 오르는 레미콘
괄약근 같은 배관의 회반죽

삼각 김밥

삼각 김밥에 귀를 대면
불끈 일어나고 싶은 욕망들이 숨어있다

지상의 창 없는 작은 방 한 칸
약봉지 같은 생애들
불 꺼진 방의 무거운 발자국
찌그러진 커피 한 잔
낙엽처럼 버려지는 로또 복권
고속도로를 달리고 싶은 굳은살들이
김밥처럼 뭉쳐져 있다

쫓기는 운동화 짓밟는 구둣발
흙탕물에 휩쓸려 가는 자음과 모음들
개수대에 빠트린 울음처럼 건져
햇빛에 말리고 싶은 날

나는 24시 편의점에 간다

쌍문역 2번 출구 풍경

과일 노점상 오종종 모인 길 지나쳐
계단 내려가면
중년의 실성한 남자
계단에 엎어져 구걸하고 있다

고개 들고
멍하니 알 수 없는 소리 중얼거려
사람들이 미쳤다고 놀리면
너희들이 미쳤어 버럭 소리 지른다

그릇에 동전 던지면
셰익스피어 하고
엉뚱하게 사람들 웃기기도 하며

남자는 한때 셰익스피어를 꿈꾸었을까

예전 청혼한 시인에게
시가 밥 먹여주냐고 아버지가 갈군
그 시가 계단에 앉아 있는 것 같다

그때 버린 시의 환생일까
흙탕물 걷기 싫어 내던진
그 시

마음 아련하다

소나기

달아오른 아스팔트에
타닥타닥 뛰노는 빗소리

우산 없이 길가에 섞인다

육교 밑에서 나물 파는 할머니
리어카 과일상 목발 청년
남의 가게 처마 밑의 노숙자
전단지 나누어주는 중년 여인들 어깨 젖어든다

도시는 종종걸음 쳐도
서러운 고백들은 빗속에 깊어진다

비탈길이라도
하늘 환하게 올려보고 싶다

77페이지

지나 서미나라의 〈윤회의 비밀〉을 펼친다
77페이지에서
붉은 벌레 한 마리가 곁눈질로 반겨준다

책에 집을 짓고
문장을 껴안고 사는 너는 백과사전이겠구나
마음먹으면 자유자재 걸림 없고

생의 한 소절 같은 저녁
너의 철학을 나에게 배달해다오

윤회의 비밀 섭렵했으니
나의 불안도 새떼처럼 날려다오

안경알을 닦으며

유리알 두 개는 내비게이션이다
자기가 보여주는 것만 보라 한다

한 벌의 시각에 의지하여
안경 밖의 세계로 나간다

차들이 쫓기듯 질주한다
시장통의 현수막이 찢어져
선거공약들이 거리서 떤다
가게를 갖지 못한 노점상이
좌판 앞에서 피곤에 절어 끄덕인다

허공을 힘차게 날아가는 새떼들

안경이 안구 위에 군림해도
가슴 속을 염탐하지 못한다
이리저리 끌고 다닐 수 없다
그가 잠꼬대까지 잔소리하면
유리알을 닦지 않을 것이다
불온한 마음들을 발각 당하지 않기 위해

약과 싸우다

머리가 아프다
노란 약을 입에 털어 넣는다

캡슐에 담긴 가루들이
위벽에 달라붙은 다른 약과 뒤섞여
반란을 일으킨다
어지럽다

통증을 잡으려고
몸에 보낸 노란 약
싸움에서 지고 말았다
아니 투항해서 한통속이다

약들의 반란
함부로 남용한 탓에
몸에 뿔이 돋는다

약 기운에 흐물흐물 풀어진다

가까스로 병을 잡았지만
우뚝 일어서야 할 내가 없다

어떤 참배

4·19국립 민주화 묘지
가을의 눈들이 수없이 찰칵찰칵 사진을 찍고 있다

김밥과 맥주와 커피 냄새가
단풍들의 축제 사이로 흘러나왔다

무심코 꼭대기로 올라가다 발이 멈췄다
소복을 한 구십쯤의 할머니 한 분
묘지 앞에서 울음을 삼키고 있다

밤에도 불침번 서며
4·19 국립묘지를 지켜 온 순국선열들

묘지 앞에선
햇빛도 미안해서 활짝 피지 못하고
바람도 소매를 숨기고 몰래 떠나버렸다

반세기 넘도록 이어 온 그 날의 함성들이 떠올라
고개 숙여 참배하며
서둘러 미안함을 지웠다

우울을 피고 싶을 때가 있다

밑바닥 모를 깊은 갱도같이 답답한 날
가볍게 샤워하듯
한 모금의 슬픔을 피우고 싶다

나를 염탐하는 것을 허락하고
내가 꽁초를 염탐하면
까맣게 꽁초처럼 타들어가는 마음이
한결 가벼워질까
백지처럼 자유로워질까

서서히 소멸하는 삶이 두려운 날

주유소에서 기름 넣듯
나를 수혈할 그 무엇을 찾는다

더듬거려도 손이 닿지 않는다

아침은 멀리 있다

어떤 키덜트

대기업 부장으로 퇴직한 남자
사물함 편지처럼 앉아있다
아침 한 술 얻어먹고 고개 꺾고 집 나간다
발길이 멈춘 곳은 맞은 편 아파트 어린이 놀이터
그가 나타나자 아이들이 몰려들어 어깨동무하며
놀자고 조른다
아이들과 물총놀이 딱지치기 가면놀이
종이접기 한다
어릴 때 비행기 조종사를 꿈꾸며
별의 바다를 유영하고 싶어
〈어린 왕자〉를 열 번 읽었던 그는
자기 속의 잃어버린 아이를 찾는다

정오가 되어 아내가
백화점 문화센터 간 시간에 집으로 돌아와
식은 밥으로 허기를 때운 후
침대 밑에 숨겨놓은 장난감을 꺼낸다
든든한 갑옷 입은 리얼 로봇을 조종하고
인형병기 건담에 열광한다
레고로 탑을 쌓고

가짜 총으로 과녁을 겨눈다
미니카를 장애물 없이 맘대로 달리게 하고
무서운 힘을 가진 태권브이와 대화하고
색종이로 학 접어 날린다
바비 인형 꺼내
새 옷 갈아입히고 머리도 빗겨준다

그를 제압 명령 두렵게 하는 건 사라졌다
사막의 발자국 소리도 들리지 않았다
그렇게 점점 어린 왕자 되어
현실에서 썰물처럼 빠져 나가고 있다

우체통

청계천 사가
골목과 골목이 꿰매어져 있는
지느러미 달린 붕어빵들이 헤엄치는 시장 네거리
산타클로스 옷 입은 우체통
배고픈 듯 입 벌리고 있다

보석가게 반지같이
말똥말똥 그리움을 기다리지만
스티커 먼지 앉은 바람만 지나간다

스마트하게 문자 주고받는 인파들
망가진 현금 인출기 보듯 곁을 무심히 지나치고

아들아 보아라 하고
침 묻혀 삐뚤삐뚤 쓴 편지도 한 장 들어오지 않는다

지나던 아이 하나
껌을 껍질에 싸서 구멍에 넣는다
중년 사내 하나가 전단지 들고 가다
귀찮은 듯 구멍에 버린다

내 꿈의 길을 낼 비행운같이 밥풀로 풀 발라
답장을 기다리던 설레임은 어디로 갔나

우체통은 바다를 찾지 못한 한 척 배처럼
항구 밖에서 찬비 맞는다

황사

나이가 기울고 얼룩지니 알겠다
고단한 한 생 끝에 황사가 서 있음을

발자국 소리 없이
안개처럼 몰려와 우리를 점령하고
눈물 글썽거리게 함을

너도 그늘과 그늘 사이 숨어있다
뭔가 보여주고 싶은 날 있나보다

혹시 너는 우리가 버린 죄의 씨앗일까
완성하지 못한 문장 하나 수묵화처럼
떠돌아다니는 걸까

너에게 질문하지 않으련다
정글처럼 길 잃게 하고 싶냐고

네가 자욱하게 길을 가려도
내 속의 솔숲 활짝 펴 눈을 씻어내리

창을 열고
우물에 두레박 내려
맑은 물 퍼 올려 길을 찾아내련다

모래무덤 뒤에 감춘 그 길

전봇대의 혀

이 가을에 실종된 사람들
전봇대에 숨어있다
부착방지용 뾰족이 틈새로
낡은 가발처럼 달라붙어 있다
모든 걸 용서할 테니 집으로 돌아오라는 호소는
속치마처럼 펄럭이고
유괴된 아이를 찾는다는 울먹임은
쇠창살처럼 먹먹하다
돈 빌려준다는 신용대출 전단지는
혀 빼물고 사람 유혹하고
스포츠 센터 다이어트 광고는
여자들 계모임처럼 야양 떨며 왁자지껄하다
자살클럽 안내는 가면무도회처럼 은근하고
당신은 행복합니까 하고 묻는 수련원 포스터는
도둑맞은 답안지처럼 허탈하다
예쁜 아가씨 넘친다는 대양 나이트 클럽 광고는
한 귀퉁이가 찢어져
대야 나이트 클럽으로 땅에 떨어져 밟힌다
전봇대는 혀가 길다
나를 분실했으니 찾아주면 후사함이란

스토리까지 달고
숨이 차 쿨럭이지만
북새통들을 낙엽처럼 떨구지 않고
땅에 떨어진 전단지까지
묵묵히 몸에 휘감은 채
희망의 신문고를 울린다

팽목항에서

여기는 너희들의 땅
너희들의 바다
너희들의 하늘

다른 배들 출항하여 갈 길 가는데
너희들은 어디서 길을 잃었니

304 송이 연분홍
백지장같이 하얀 손으로 유리창 긁으며

맹골수로 위로 꽃잎들이 뚝 뚝

혀가 굳은 바다 위로
나비 같은 꿈들
수의 없이 밑으로 가라앉네

축구선수 가수 교사 되겠다고 한
너희들 목소리가 들려

물 위를 떠도는 가랑잎들에게 부탁하면

바닷속 노란 등불 켜 있는 집을 두드려
그리움 전해줄까

기다릴 테다
팽목항 기다림 의자에 앉아
눈이 짓무르도록
돌아올 때까지

쥐에게 물리다

바람이 드나드는 헐거운 몸
세상의 하수구에서
쥐 한 마리 숨어들었다

밤의 종아리를 물어뜯어 비명을 지르고
두 다리를 절룩이게 했다

녀석을 잡으려고 별러도
어느 구멍으로 들어왔는지
찍찍대는 울음도 없고
긴 꼬리도 밟히지 않았다

막무가내 온 몸을 휘젓는 이 녀석
어디에 쥐덫 놓을까 궁리 중이다

제4부

움트다

거리의 꽃들

버스 정류장 화분의 꽃들
목 움츠리고 있다
뙤약볕에 시나브로 목숨 졸아붙었다

매연 소음 술주정 욕지거리 속에서
제자리 지키고 있다

노란 한련화 분홍 페튜니아 보라색 나팔꽃
노숙자처럼 쓸쓸하다

시끄러운 구둣발 물러가고
막차 오기만 바라며
입술 오므리고

인적 끊어진 새벽녘
억눌린 숨 토해내며 주름 펴는
거리의 꽃들

곰팡이 꽃

꽃 피었다
밥그릇 속에

내가 한눈판 자리에 핀 붉고 푸른 꽃들

씨 뿌리지 않고 가꾸지 않았는데
뿌리 줄기도 없이

방치한 시간이 내 대신 밥을 먹는다

시간이 피운 꽃
밥꽃

교동도에서

연륙교로 육지 된 교동도에 가을을 만나러 간다
유년처럼 변하지 않은 낡고 오래된 것늘
50년대의 손때 묻은 대룡시장
손으로 꾹꾹 눌러쓴 삐뚤삐뚤한 입간판들
대문 열린 잡초 인 지붕들
이상과 구본이 계란 둥둥 뜬 쌍화차 마셨을 듯한
처마 낮은 다방
색색의 몸빼와 땡땡이 무늬 블라우스 파는 가게
어릴 적 고약 사러 다니던 추억의 판잣집 약방
하얀 면도 거품 냄새가 고향처럼 익숙한 이발관
의자 하나 놓고 종일 앉아있고 싶은
깃발 펄럭이는 우체국
유배되어 숨진 연산군의 쓸쓸한 흔적들

느릿느릿 고즈넉해서
달팽이 기어가고 밤송이 터지는 소리도 폭포 같다

과거로 돌아가
강화 교동도 바다 너머
새 시대의 소란들
빨래처럼 내다 말리고 싶어라

봄맞이

해마다 입춘대길이라 써 붙이면
매섭던 추위가 대문 밖으로 걸어 나갔다

활짝 문을 연다
물어물어 찾아온 입춘
닫힌 문밖에서
기웃거릴까봐

하지만 대문 앞엔
봄의 치맛자락도 보이지 않는다
냉기가 도는 꽃샘바람뿐

입춘대길을 거꾸로 붙이면
우리 집에 봄이 오려나

마당에 멍석이나 깔아야겠다
잘 놀다 가라고

문턱이 높지 않으니 들어와
몇 달 잘 살다 가라고

낙타

비 오는 저녁 어스름
낙서 지저분한 흐린 불빛의 목로주점
문 삐걱 열리며 하루 마감한 사내들 일행 들어서고
큼큼한 비 냄새 수건으로 털며 널빤지 의자에 앉는다

까막눈 주모가 거꾸로 갖다놓은 메뉴판에서
막걸리와 빈대떡을 허기처럼 주문한 후
노란 양은 주전자에 담아온 술을
사발끼리 부딪히며 벌컥벌컥 들이킨다

피곤을 눈곱처럼 달고 염병해 소리 지르는 사내1
얼굴에 종기를 달고 술을 곰국처럼 마시는 사내2
코피 손으로 뭉개며 스마트폰 싸우듯 보는 사내3
품 팔고 온 돈을 꺼내 침 발라 세는 사내4
기침 연달아 콜록이면서도 줄담배 빨아대는 사내5

탁자 위의 음식 접시 곡절 많은 생처럼
지저분하게 비워지고
터진 솔기들 얼굴이 불그레해지자

각자 술값 추렴해 탁자 위에 놓고
빗속으로 휘청 뛰어든다
골목 돌아 나가는 사내 다섯의 뒷모습이 낙타 같다
몸은 밑바닥에 닿아 있지만 밥벌이란 혹을 지고
높이 걷는 그 행렬

자기를 넘고 넘어
도달할 수밖에 없는 먼 순례길

들녘 풍경

봄이 꽃을 앞세워도
들녘엔 청보리 누렇게 익어간다

모두 때가 있다

봄은 꽃을 그려 제 옷깃을 열고
보리밭은 초록을 지우는 중이다

옥수수 하늘을 이고 영글어 가면
실잠자리들 살랑살랑 깨어나고
뽕나무 오디 검붉게 여름을 완성하듯

이르거나 늦거나
모두 제자리에서 문장을 완성한다

들녘 어디에도
받침 하나 빠진 데가 없다

움트다

초봄
용설란 화분을 분갈이하다 깨트렸다
꽃씨들이 산란하듯 사방에 튀어
흔적 없이 사라진 줄 알았더니
모래를 뚫고 초록 잎이 얼굴을 내밀었다

이 빠진 그릇에 씨를 숨기고
아무도 모르게 더위를 견디고
추운 겨울을 인내하더니
자줏빛 꽃을 피웠다

하늘을 붙잡고 쭉쭉 뻗으며
나비를 불러들였다

며칠 후
딸이 첫아이를 낳았다는 소식이 전해져왔다

딸의 몸에도 움 하나 텄다

오봉산에서 물들다

오봉산에서 만난
칸나 같은 붉은 가을

가을의 붉은 치마폭에 빠져
세상의 저잣거리로 나가고 싶지 않았다

일부러 길을 잃어
하루쯤 단풍 위에 눕고 싶었다

일행들 손짓에 떠밀리며
빈 지갑을 단풍나무 밑에 감추었다
나무에 손수건을 매달아 놓고
혼자 몰래 찾아와 가을과 하나 되어보려고

다음날 식구들에게 오봉산에서 지갑을 잃어버려
찾으러 떠난다며 산을 올랐다

내려올 때 길과
올라갈 때 길이 달랐다

미아가 되었다
나의 손수건과 지갑은 어디 있을까

그래도 한나절
가을을 만나 서로 붉게 물들었다

아기의 손

엄마가 일터에서 돌아오자
한 살배기 볼우물에 미소가 피어난다
퉁퉁 부푼 젖을 물리자
새순처럼 파릇파릇 물이 오른다

씨앗처럼 작은 아기
한 그루 큰 나무 되기 위해
엄마와 눈 맞추고 옹알이 한다

아기는 은연중 알고 있다
사랑을 수액처럼 삼키면
뿌리가 튼실해질 것을

누가 가르쳐주지 않아도
비바람 막아줄 엄마를
꼬막손으로 꼭 붙잡는다

울기 등대

울산 울기 등대는 울보다

해송이 자라 등댓불 가리자
새 등대에 자리 물려주고
동해에서 하릴없이 울고 있다

뿌웅뿌웅 뿌웅뿌웅

일출에서 일몰까지
먹어도 먹어도 배고픈 울음들
바닥을 치고 올라와 동해로 울려 퍼진다

그도 나처럼 허기졌는가

십초에 한 번씩 고래 뱃속에서 터지는 듯한 그 울음
나의 목소리 닮은 걸까

■해설

오도된 세계를 묵시하는 명징한 서정

박 몽 구
(시인·문학평론가)

한 시인이 보여주는 시적 새로움은 그가 채택하는 언어와 소재의 독자성, 선배 세대 및 동시대의 시인들과 구별되는 독자적이고도 신선한 기법 등을 통해 구현될 수 있을 것이다. 최근 들어 일군의 젊은 시인들이 보여준 바 있는 시적 진술의 즉물성, 언어의 도치 등 해체적 기법을 통하여 새로움의 확보도 그 한 모습일 것이다. 시인 자신도 의미를 종잡을 수 없는 파편적 사유에 바탕한 시들, 지나치게 개인적인 서정으로 일관한 시들이 횡행하고 있다. 문명과의 갈등을 기반으로 한 도시적 정서의 시들, 즉 광물성이거나 지나친 욕망으로 얼룩진 동물성의 시들이 큰 흐름을 이루고 있다. 또 다른 일군의 시인들의 경우에는 단선적인 사전적 의미에서 벗어난 시어의 다의성(多義性) 확보를 통하여 신선한 충격을 던진 경우도 적지 않다. 이 같은 시도들은 인간이 은폐하고 있는 속마음과는 다르게 문명이 날로 고도화되어 가고 있는 상황 하에서, 그것들과의 불화가 깊어지면서 더욱 늘어날 것으로 전망된다.

시민적 세계관을 표출한 서정시

마선숙의 시들은 우선 개인적인 정서의 표현이면서 시민적 세계관의 표출이라는 서정시의 정신을 잘 보여준다. 농부들의 추수하는 모습이며 들판 풍경을 노래한 워즈워드의 시들이 단순히 목가적인 풍경에서 벗어난, 귀족 사회의 압제와 독점에서 풀려난 시민들의 자율과 자유의 표현이었듯이, 마선숙의 시들은 부드러운 정서를 지녔으면서도 시민으로서의 여성의 자각을 보여준다.

가을이 혀를 내밀며 히죽히죽 걷는다
앞장서는 가을을 앞세우고 대학로로 간다

미리 비듬 긁으며 빵 굽는 아주머니
사주점 보는 돋보기 할아버지
모자 파는 휘파람 닮은 청년이
가을 풍경 속에 졸고 있다

뚱뚱한 아가씨는 텅 빈 공중전화 부스에서

벨이 울리기를 기다리고
거리 한쪽에서는
헌혈 유혹하는 소리가 가을을 깨트린다

열쇠를 메주처럼 걸어놓고 손님 기다리는 아저씨는
인생의 열쇠를 안다는 듯 느긋이 실눈 뜨고
마로니에 실개천에서는
살찐 쥐 한 마리가 배실배실 웃으며 도망가고 있다

동방의 등불 타고르와
낙망은 청년의 죽음이라는 안창호 선생 동상도
노랗게 물들었다

바람의 머리를 한 여대생이 팔에 끼고 있는 괴테도
어디선지 흘러나오는 슈베르트도
숨진 가객 김광석 동판과 함께 가을 속으로 빠진다

학전 소극장 앞의 연극 포스터가
도시의 뒷골목을 떠돌다
발밑에서 아양 떤다
거리에 버려진 신문지도 쓰레기통 옆에서 낮잠 자고

가을의 대학로
풍경과 함께 더 익어가고 있다

–「가을의 대학로」 전문

위의 시는 우선 가을을 맞이한 대학로의 스산하고도

살가운 풍경을 공간적 배경으로 하고 있다. 마로니에 향기 흩날리는 대학로를 지키고 있는 '머리 비듬 긁으며 빵 굽는 아주머니', '사주 보는 할아버지', '(전화를 기다리는) 뚱뚱한 아가씨', '열쇠를 메주처럼 걸어놓고 손님 기다리는 아저씨' 들은 우리 시대 민초들의 제유이다. 가을은 결실의 계절이지만 하나같이 수확의 기쁨을 누리지 못하고 있는 이들은 온몸으로 어려움을 견디며 살아가는 민초들의 모습을 잘 보여주고 있다. 화자는 '슈베르트도/ 숨진 가객 김광석 동판과 함께 가을 속으로 빠진다// 학전소극장 앞의 연극 포스터가 도시의 뒷골목을 떠돌다/ 발밑에서 아양 떤다' 라고 말함으로써 정작 가을이 결실 맺어야 할 곳에는 오지 않고 헛발질을 하고 있다는 사유를 펼치고 있다. 결구를 통해 '가을의 대학로/ 풍경과 함께 더 익어가고 있다' 고 표현한 것은 대학로 공간에 찾아온 결실의 조짐이 사람살이에까지 찾아들었으면 하는 바람으로 읽힌다. 서정적인 언어를 사용하면서도 직설을 피하여 명징한 이미저리로 대치하고 있는 점에서 마선숙의 시적 에스프리를 보여주는 작품이다.

이렇듯 시인을 둘러싼 공간을 고정관념을 버리고 새로운 앵글로 들여다보는 시선은 이번 시집을 통해 마선숙의 주된 관심사가 되고 있다. 그의 시들은 소재를 결코 먼데서 가져오는 법이 없이 주변 일상사에서 가져오되 범상한 스침에서 벗어나 내면에 은폐된 세계를 집요하게 드러내는 데 주력하고 있다.

진입금지 구역 하나 있다

내 속에 숨긴 괄호
횡단보도 없어 아무도 건너오지 못하는

칼에 베어서도 안 되고
돌부리에 넘어져서도 안 되는

꿈을 넣어 완성한 나만의 경계

세상에 지불하는 방세
생의 쓸개들

그래도 괄호에 의지해
세상 건넌다

건조한 지구별에서
이마에 새를 앉히듯 그렇게

–「괄호」 전문

평범한 소재를 괄호를 환유로 하여 모종의 집단만을 위하여 배제되고 구획되어진 공간을 분명하게 보여주는 한편, 이로부터 일탈하려는 사람들의 지난한 몸부림을 함축하고 있는 작품이다. 이 시에서 괄호는 '진입금지 구역', '횡단보도 없(는) 완성한 나만의 경계' 등으로 실정되어 있다. 그 같은 독점적 공간을 차지하기 위하여 일단의 집단은 무릇 '꿈을 넣어 완성'해가고 '방세'를 지불하고 '생의 쓸개'마저 바친다고 지적하고 있다. 그만큼 자신의 피와 땀이 밴 공간을 확보하여 사람들은 거친 세상을 건너고자 한다.

그런데 중요한 것은 화자는 그것을 건전한 성취와 영속되어야 할 가치로 보기보다는 독점과 고립의 공간으로 파악하고 있다는 점이다. 즉 '건조한 지구별'이라는 시어를 통하여 그 같은 자신만의 아성 구축이 세상을 삭막하게 만들며 함께 살아가는 이웃들을 배제하는 공간으로 변질되고 있다는 인식을 드러내고 있다. 화자는 결구에서 '이마에 새를 앉히듯' 살아가야 한다고 말함으로써 그 같은 배제와 독점을 넘어 괄호가 해체되고, 나아가 상생의 공간으로 탈바꿈되어야 한다는 인식을 함축하고 있다. 이렇듯 마선숙은 사물을 제재로 삼는 경우에도 늘 그 배후의 또 다른 현실을 환기시키는 이중구조를 설득력 있게 구축하고 있다.

길 몇 가닥 안고 걷다
벼랑을 만났다

칼로 자른 허공 아찔하다

멀미가 나 눈을 감았다 뜨니
벼랑에 핀 황홀한 꽃이 눈에 들어왔다

허공길 기어올라
그 꽃 꺾고 싶지만
목숨이 살고 싶다고 귓속말 하여 돌아서고 말았다

흙길로 내려 와
마른땅 찾아 걸으며
마음으로부터 그 꽃 버렸다

―「길과 벼랑 사이」 전문

저녁상 물리고
설거지 마치고
나를 주름처럼 포개 넣었던 앞치마 벗는다

찬밥처럼 속절없이 남루해
바다를 불러들인다
선유도 증도 우도

훼손당한 모욕들을 숨기며
푸른색이 멍 같은 바다에
범선 하나 띄운다

나를 담아
물살을 헤치고 망망대해로 나간다
배 기둥에 흔들리는 파문 붙들어 매고

수평선
갯벌

선창가 술집의 노래들 가까워졌다 멀어진다

더 깊이 노 젓는다
나뭇잎처럼 둥둥 표류한다

하염없다

—「저녁, 십 분 전 여덟 시」 전문

시인이 일상사를 순례의 도정으로 읽은 두 편의 시를 골라 보았다. 순례라고 표현한 것은 시인이 그를 둘러싼 일상을 심상한 생활로 보지 않고 그 가운데 숨은 비의를 새롭게 자각하는 시선을 견지하고 있기 때문이다. 마선숙 시인은 오랫동안 불교에 심취해 있는 사람이기도 하지만 일상을 구도의 시선으로 들여다보는 시선이 체득되어 있는 것 같다.

앞의 시에서는 산사를 찾는 도정이 시적 공간으로 설정되어 있다. 첫 대목에서 '길 몇 가닥 안고 걷다/벼랑을 만났다// 칼로 자른 허공 아찔하다' 라고 언술함으로써 화자가 걷는 길이 벼랑과 허공 위에 놓여 있다는 인식을 담지하고 있다. 이것은 회지 개인의 경험을 넘어 이 시대를 살아가는 일이 그만큼 만만찮은 장애를 맞고 있다는 인식에 다름 아니다. 하지만 화자는 자신의 앞길을 가로막는 장애에 굴하지 않고 허공을 딛으며 앞으로 나아간다. 그 같은 뒤돌아보는 일 없는 정진을 통해 '벼랑에 핀 황홀한 꽃' 을 만나게 된다고 밝힘으로써, 결국 우리들의 생은 고진감래(苦盡甘來)의 도정을 맞이하게 된다는 인식을 드러낸다. 화자는 결구에서 '흙길로 내려 와/ 마른땅 찾'는다고 말함으로써 피안(彼岸)은 따로 있는 것이 아니며 우리 가운데 함께 살고 있다고 힘주어 말하고 있다. '마음으로부터 그꽃 버렸다'는 말은 고난으로 점철된 일상을 겸허하게 받아들인다는 불교적 세계관에 다름 아니다.

이 시집의 표제작이기도 한 「저녁, 십 분 전 여덟 시」에서 화자는 더욱 낮은 자리에 자리하여 자신을 들여다보고 있다. 매일 저녁상을 차리고 치우는 일상을 통하여 여성의 삶을 투시하는 한편 바른 사람살이의 길을 견인해 내고 있다. 우선 화자는 '설거지 마치고/ 나를 주름처럼 포개 넣었던 앞치마 벗는다'라고 첫 대목에서 언술함으로써 이 시대의 여성들의 삶의 단면을 극적으로 제시하고 있다. 즉, '주름'과 '앞치마'는 여성들이 처해 있는 삶의 국면을 드러내는 제유이다. 그런 점에서 주름은 제대로 펼쳐지지 못하고 있는 여성들의 삶을 상징하고 앞치마는 일상의 옷차림이 아닌 거추장스럽고 추레한 덧옷을 숙명적으로 걸치고 살아가야 하는 여성의 삶 전체를 함축해 놓고 있는 제유(提喩)로 읽힌다.

이 시는 산문적 진술이 장황한 것은 아니지만 시인이 배치해 놓고 있는 이항 대립(二項對立)의 구조 분석을 통하여 더욱 분명하게 그 의의를 규명해낼 수 있을 것이다. 즉, '주름', '찬밥', '훼손', '멍', '표류' 등의 시어는 화자가 놓여 있는 소외되고 어려운 삶을 말해준다. 다른 한편 '바다', '범선', '수평선', '노래' 등의 시어들은 그 대척점에서 굴레를 벗어나 자유로운 영역으로 나아가고픈 화자의 욕망을 상징하고 있다. 시 속에 등장하는 '나를 담아/ 물살을 헤치고 망망대해로 나간다', '더 깊이 노 젓는다/ 나뭇잎처럼 둥둥 표류한다' 등의 대목은 주름지고 굴레 씌워진 삶으로부터 벗어나 새로운 세계로 뛰어들고 싶은 화자의 내면을 표백해 주는 알레고리이다.

나아가 시인은 개인의 소소한 일상을 확장시켜, 동시대인이 함께 살아가는 현실을 완곡어법으로 끌어들이는 전략을 취하고 있다고 볼 수 있다. 위의 시에는 시어 '벼랑', '망망대해' 등의 시어가 전경(前景)으로 제시되어 있다. 전경화(foregrounding)란 언어를 비일상적으로 사용하여 두드러지게 보이도록 하는 기법이다. 상투적인 표현을 깨뜨림으로써 새로운 느낌이나 지각이 일어나도록 하는 표현 전략을 가리키는 말이다. 위의 시어들은 이 작품의 지배소로서 단순히 자연을 가리키는 말이 아니라, 오늘 이 땅의 여성들이 놓여 있는 현실을 잘 환기시키고 있다. 그만큼 앞길을 헤쳐나가기에 큰 난관에 처해 있는 여성의 삶을 드러내는 한편 이에 묶이지 않고 앞으로 나아가고자 하는 인식을 잘 환기하고 있다. 그런 점에서 현대시의 한 특질인 명징한 이미지를 통한 말하기와 함께 동시대인의 삶을 극명하게 드러내고자 하는 시인의 의도를 극명하게 함축하고 있다. 「수신인 가을」, 「앞치마」, 「불임의 날들」 등도 이 같은 시적 사유의 범주에 드는 시편이다.

가족의 삶과 시의 울타리

이번 시집에서 마선숙 시인이 주된 관심사로 채택하고 있는 시들은 가족을 소재로 한 시편이다. 때로는 든든한 사랑의 울타리가 되어주지만 표면적으로는 갈등의 양상을 보이는 가족의 삶을 징검다리로 삼아, 오늘 여성의 삶을 진단하고 인간다운 삶의 방향을 진지하게 모색하는 일련의 작품들이 한자리에 모여 있다.

> 거리의 은행나무 두 그루
> 암나무 수나무 사이좋게 서 있다
>
> 우람한 수나무
> 암나무에게 갈바람 막아주고
> 큰물이 와도 제 뿌리로 가두어 암나무 보호한다
>
> 때 되면
> 꽃가루 암나무에게 날려
> 열매 맺게 해주고
> 벌레 오지 못하도록
> 역한 냄새 풍기며 제 어린 것 지킨다

은행나무 같은 부부

살과 뼈로 낳은 자식
기저귀 갈아주고
먹다 남은 반찬도 처리해주는
남의 편 아닌 내 편

마주보고 활짝 피어난다

—「은행나무 부부」 전문

은행나무의 식생을 통하여 부부의 의의를 뒤돌아보게 해주는 작품이다. 화자는 '우람한 수나무/ 암나무에게 갈바람 막아주고/ 큰물이 와도 제 뿌리로 가두어 암나무 보호한다'는 대목을 통하여 가장이 아내를 사랑으로 감싸는 정경을 보여주고 있다. 이것은 은행나무의 생태를 통해 사람살이의 철리를 잘 환기하도록 구조화된 알레고리이다. 화자는 '꽃가루 암나무에게 날려/ 열매 맺게 해주고/ 벌레 오지 못하도록/ 역한 냄새 풍기며 제 어린 것 지킨다'라고 언술함으로써, 부부의 손 맞잡은 희생과 헌신이 약한 어린 것들을 감싸는 데까지 나아간다는 것을 밝히고 있다. 나아가 결구를 통하여 '먹다 남은 반찬도 처리해주는/ 남의 편 아닌 내 편// 마주보고 활짝 피어난다'는 명제를 제시함으로써 가부장제에 기반한 권위체제를 벗어나 여성을 든든하게 감싸는 것은 물론, '마주보는' 인격적 주체로

거듭나야 한다는 내적 논리를 펼치고 있다.

하루 일 마감하고
걸레 빤다

내의 행주 수건으로 사랑받다 버려져도
남은 생명 기꺼이 내 주는 너

일터에서 야근하고 온 가장의 발도 닦아주고
생활 속 오염과 얼룩도 제 몸으로 흡수한다

눈에 뜨이는 환한 곳보다
구석을 정화시키며
온갖 더러움 삼켜도
두엄더미에서 풍기는 민들레 향기 맡아진다

네 속에 숨은 식구들 체취는
우리 집의 역사

너를 헹구는 물은 까맣지만
그 영혼만은
빨래 줄 지탱 해 주는 바지랑대처럼
높고 맑을 것이다

―「걸레」 전문

제주도에서 물질하는 부모 대신
동생 업고 살림한 그녀 이름은 행주였다
제주도 방언으로는 상삐였다

동무들이 학교 갈 때
조개 까고 전복 팔며
키도 자라지 못했다

부모가 죽자 고향을 버리고
서울에 올라와 과일 노점상을 했다

밤이면 야학으로 까막눈이 뜨이고
이름을 행주가 아닌 주행으로 바꾼 뒤
리어카를 끌고 앞으로 달렸다

찬밥 한 덩이로 끼니를 대신하고
달리고 달려
동대문 시장까지 진출한 그녀는
큰 과일가게 주인이 되었다

돈은 많이 벌었지만
가족이 그리웠던 그녀
나이 들어 병들자
행주란 이름을 가진 소녀가장들에게
전 재산 기부하고
먼 길 홀로 떠났다

가난한 사람
눈물 닦아주는 행주가 된 것이다

—「그녀 이름은 상삐」 전문

여성들이 감당하고 있는 삶의 모습을 제유하는 소재를 통하여 우리 시대 여성들이 처한 실상을 진단한 작품들이다. 앞의 시에서는 집안을 청결하게 가꾸는 데 없어서는 안 될 '걸레'를 제제로 삼고 있다. 화자는 '내의 행주 수건으로 사랑받다 버려져도/ 남은 생명 기꺼이 내 주는 너'라고 말함으로써, 어둡고 구석진 데를 닦다보면 어쩔 수 없이 행주에서 걸레로 변신한다 하여도 아랑곳하지 않고 남은 생명을 가족을 위해 헌신하는 모성상을 제시하고 있다. 화자는 '눈에 뜨이는 환한 곳보다/ 구석을 정화시키며/ 온갖 더러움 삼켜도 / 두엄더미에서 풍기는 민들레 향기 맡아진다'고 언술함으로써 우리 시대 여성이 서 있는 자리를 진솔하게 보여주고 있다. '구석', '두엄더미'를 '민들레 향기'와 은유의 다리로 연결함으로써 가장 낮은 곳이 가장 높은 자리라는 아이러니를 제시하고 있다. 즉 공간적으로는 낮은 자리이지민 정신적으로 가장 고매한 위치로 자리매김하고 있는 셈이다. 화자는 결구에서 '너를 헹구는 물은 까맣지만/ 그 영혼만은/ 빨래줄 지탱해 주는 바지랑대처럼/ 높고 맑을 것이다'라고 밝힘으로써 보이지 않는 곳에서 헌신하는 여성이야말로 소외를 넘어 우리 시대의 가장 지엄한 자리에 있는 존재라고 힘주어 말하고 있다.

뒤에 든 시는 가정을 벗어나 사회적 공간에 놓여 있는 여성을 조명한 작품이다. 첫 대목에 '제주도에서 물질하는 부모 대신/ 동생 업고 살림한 그녀의 이름은 행주였다' 고 제시함으로써, 사랑을 듬뿍 받기보다 어린 가족 구성원들을 사랑으로 감싸야 하는 또 다른 여성의 위치를 보여주고 있다. 제목 속에 든 시어 '상삐' 는 행주의 제주도 방언이라는데 왠지 낮은 데서 상처 받는 존재라는 느낌을 들게 한다. 화자는 전개 부분에서 이 상삐의 사연을 '부모가 죽자 고향을 버리고/ 서울에 올라 와 과일 노점상을 했다// 밤이면 야학으로 까막눈이 뜨이고/ 이름을 행주가 아닌 주행으로 바꾼 뒤/ 리어카를 끌고 앞으로 달렸다' 라고 밝히고 있다. 행주에서 '주행' 으로 개명하였다는 대목에서 개발의 연대를 살아온 어머니들의 삶이 자신을 돌아볼 틈이라곤 없이 얼마나 바빴는가를 잘 말해 준다. 또한 '노점상' 과 '야학', '까막눈' 과 '이름 (쓰기)' 등의 대립어를 통하여 일하는 여성들이 자신의 삶을 일신시키기 위하여 얼마나 절치부심 시간을 쪼개며 살아왔는가를 실감 있게 전해 준다. 이 시의 뒷부분에서 이 상삐는 결혼도 못한 채 나이가 들었음을 환기시킨 다음, '나이 들어 병들자/ 행주란 이름을 가진 소녀가장들에게/ 전 재산 기부하고/ 먼 길 홀로 떠났다// 가난한 사람/ 눈물 닦아주는 행주가' 되었다고 밝히고 있다.

이를 통해 자신은 비록 행주로 살았지만 같은 처지의 여성들의 지위 향상을 위해 자신을 바치는 이타행을 통해 세상을 바꿀 수 있다는 메시지를 은연중에 담아내고 있다. 시 전체적으로는 진술에 바탕해 있지만 군데군데 명징한 이미지를 구사하여 읽는 맛을 끌어올리는 품에 공감이 가는 작품이다. 결국 우리 시대 여성의 삶이 의미를 갖는 것은 자신의 세속적 삶이 힘들고 낮은 데 놓여 있다는 자각을 넘어, 같은 자리에 놓여 동병상련하고 있는 이들을 본래의 인간다운 자리로 올려놓는 이타행에 그 본질이 있다는 사유를 깊이 간직하고 있는 셈이다.

「어머니의 갈숲」, 「까치발 집」, 「골무」 등의 작품도 같은 관심의 연장선상에서 설득력 있게 읽히는 작품들이다.

동시대인의 아픈 삶에 공감하다

이번 시집에 수록된 시편 가운데 상당수는 함께 살아가는 동시대인들의 삶을 들여다보면서 함께 아파하면서 새벽이 오기를 갈망하는 주제를 담은 것들이다. 생각한 직설적 주제보다 명징한 이미지를 통하여 의미를 반추하게 하는 기법을 구사하고 있다는 점에서도 마선숙 시의 새로운 국면을 보여주고 있다. 시인이 직접 참여하였거나 그렇지 않더라도 현장을 발로 누비며 체험한 결과를 담은 시들이 대부분이다. 그런 점에서 여성을 둘러싼 삶의 드라마들이 보다 넓은 공감대를 가진 주제를 향하여 나아가는 시인의 정신적 궤적을 잘 읽게 해준다.

이 가을에 실종된 사람들
전봇대에 숨어있다
부착 방지용 뾰족이 틈새로
낡은 가발처럼 달라붙어 있다
모든 걸 용서할 테니 집으로 돌아오라는 호소는
속치마처럼 펄럭이고
유괴된 아이를 찾는다는 울먹임은
쇠창살처럼 먹먹하다
돈 빌려준다는 신용대출 전단지는
혀 빼물고 사람 유혹하고
스포츠 센터 다이어트 광고는
여자들 계모임처럼 야양 떨며 왁자지껄하다
자살클럽 안내는 가면무도회처럼 은근하고
당신은 행복합니까 하고 묻는 수련원 포스터는
도둑맞은 답안지처럼 허탈하다
예쁜 아가씨 넘친다는 대양 나이트 클럽 광고는
한 귀퉁이가 찢어져
대야 나이트 클럽으로 땅에 떨어져 밟힌다
전봇대는 혀가 길다
나를 분실했으니 찾아주면 후사함이란
스토리까지 달고
숨이 차 쿨럭이지만
북새통들을 낙엽처럼 떨구지 않고
땅에 떨어진 전단지까지
묵묵히 몸에 휘감은 채
희망의 신문고를 울린다

—「전봇대의 혀」 전문

도시 뒷골목에서 흔히 마주치게 되는 구인 광고를 소재로 하여 씌어진 작품이다. 하지만 구차한 현실의 부각이나 힘든 도시 하층민의 삶에 대한 직접적인 언급보다는 한 폭의 그림을 대하듯 명징한 이미지를 동반한 진술의 힘이 느껴진다. 화자는 첫 대목에서 '이 가을에 실종된 사람들/ 전봇대에 숨어있다/ 부착 방지용 뾰족이 틈새로/ 낡은 가발처럼 달라붙어 있다'는 진술을 선명하게 부각된 이미지를 동반하여 진행하고 있다. '실종'이라는 시어를 통하여 인간적인 삶이 사라진 현대 도시의 세태를 질타하고 있다. 화자는 '심인 광고', '유괴된 아이를 찾는 전단지', '(비싼 이자의) 신용대출 전단지', '스포츠 센터 다이어트 광고', '자살클럽 안내', '(심신) 수련원 포스터', '대양 나이트 클럽 광고' 등 전봇대에 붙은 전단지 내용을 뫼비우스의 띠처럼 지속적으로 어긋나게 배치함으로써 오늘 도시민의 삶이 얼마나 허방을 딛고 있는가를 강하게 환기하고 있다. 화자는 결구 부분에서 '숨이 차 쿨럭이(는) 북새통', '땅에 떨어진 전단지' 들을 '희망의 신문고'와 은유의 고리로 연결 지음으로써 흩날리는 전봇대 전단지들이 고달픈 도시민들의 삶에 활로를 열어줄 것이라는 전망을 펼치고 있다.

욕망의 완성을 위해 끊임없이 수단을 바꾸어 도전하는 라캉의 환유 기법에 기반해 있는 작품으로, 결핍에 시달리는 도시민들의 삶을 명징한 이미지를 동반하여

절실하게 그려낸 수작이다.

광장 수은주 영하여도
이순신장군 발 따스하고
검게 얼룩진 밀실 일곱 시간
304 영혼 얼어붙게 할 수 없다

(중략)

불의에 저항 해 하나 된 사람들
촛불로 온 몸 불사르며 새벽을 손짓한다

검은 혀들은
그 혀가 자기 삼킬지 몰랐나

미친 코뿔소 등에 탄 결핍과 몰염치들
촛농 되어 녹자
꽃무늬 벽지 된 차벽이
한 뼘 두 뼘 물러나 길을 비춘다

제도권 눈길 받아본 적 없는 큰 길의 국민들
찬 땅바닥에서 어둠 호호 불며 떨었지만
조용히 신성하다

—「광장에서」 전문

삼각 김밥에 귀를 대면
불끈 일어나고 싶은 욕망들이 숨어 있다

지상의 창 없는 작은 방 한 칸
약봉지 같은 생애들
불 꺼진 방의 무거운 발자국
찌그러진 커피 한 잔
낙엽처럼 버려지는 로또 복권
고속도로를 달리고 싶은 굳은살들이
김밥처럼 뭉쳐져 있다

–「삼각 김밥」 부분

앞의 시는 비명에 간 세월호 어린 친구들의 억울함을 신원하고 나라다운 나라를 세우고자 광화문 광장에서 이루어진 촛불혁명의 현장을 시적 공간으로 하고 있다. 화자는 '광장 수은주 영하여도/ 이순신장군 발따스하고/ 검게 얼룩진 밀실 일곱 시간/ 304영혼 얼어붙게 할 수 없다'는 대목을 통하여, 이웃들의 슬픔을 가슴으로 아파하고 내 피붙이 같은 마음으로 감쌀 때 억울한 영혼들이 우리들의 마음속에 생생하게 부활하리라는 믿음을 펼치고 있다. 그 연장선상에서 '제도권 눈길 받아본 적 없는 큰 길의 국민들/ 찬 땅바닥에서 어둠 호호 불며 떨었지만/ 조용히 신성하다'라는 대목을 통하여 민주주의는 춥고 어려운 국면을 마다않으며 광장에 선 국민들의 손으로 신성하게 지켜진다는 확신을 시로 옮겨 놓았다.

「광장에 파란 물들이며」, 「나무와 자전거와 노숙자」, 「어떤 참배」 등 일련의 작품에서도 시인의 살아

있는 비판 정신을 잘 살펴볼 수 있다.

이 시집의 뒷부분에서는 시인의 기행과 자연 체험에서 얻은 지혜를 바탕으로 한 서정시들을 다수 만날 수 있다. 사물을 마주하는 시인의 따스한 마음 씀씀이와 함께, 생동하는 자연에서 갈수록 경쟁이 첨예화하는 문명을 넘어 인간다운 삶의 길을 모색하는 시인의 모습이 생생하게 담겨 있다.

> 초봄
> 용설란 화분을 분갈이 하다 깨트렸다
> 꽃씨들이 산란하듯 사방에 튀어
> 흔적 없이 사라진 줄 알았더니
> 모래를 뚫고 초록 잎이 얼굴을 내밀었다
>
> 이 빠진 그릇에 씨를 숨기고
> 아무도 모르게 더위를 견디고
> 추운 겨울을 인내하더니
> 자줏빛 꽃을 피웠다
>
> 하늘을 붙잡고 쑥쑥 뻗으며
> 나비를 불러들였다
>
> 며칠 후
> 딸이 첫아이를 낳았다는 소식이 전해져왔다

딸의 몸에도 움 하나 텄다

–「움트다」 전문

연륙교로 육지 된 교동도에 가을을 만나러 간다
유년처럼 변하지 않은 낡고 오래된 것들
50년대의 손때 묻은 대룡시장
손으로 꾹꾹 눌러쓴 삐뚤삐뚤한 입간판들
대문 열린 잡초 인 지붕들
이상과 구본이 계란 둥둥 뜬 쌍화차 마셨을 듯한
처마 낮은 다방
색색의 몸빼와 땡땡이 무늬 블라우스 파는 가게
어릴 적 고약 사러 다니던 추억의 판잣집 약방
하얀 면도 거품 냄새가 고향처럼 익숙한 이발관
의자 하나 놓고 종일 앉아있고 싶은
깃발 펄럭이는 우체국
유배되어 숨진 연산군의 쓸쓸한 흔적들

느릿느릿 고즈넉해서
달팽이 기어가고 밤송이 터지는 소리도 폭포 같다

과거로 돌아가
강화 교동도 바다 너머
새 시대의 소란들
빨래처럼 내다 말리고 싶어라

–「교동도에서」 전문

식물과 땅을 소재로 한 두 작품을 골라 보았다. 각기

자연에서 취한 소재들이지만 서경적 묘사를 넘어 사람 살이의 모습을 선명하게 연상시키고 있다. 한시(漢詩) 고전들의 창작 기법 가운데 널리 알려진 것으로 선경후정(先景後情)이라는 것이 있다. 즉, 서경(敍景)을 먼저 하고 뒤에 가서 서정(抒情)을 하는 구조를 가리키는 말인데, 마선숙의 작품들을 보면서 그 같은 시적 사유의 유연성을 만나게 된다.

앞에 든 시에서 '초봄/ 용설란 화분을 분갈이 하다 깨트(려)/ 꽃씨들이 산란하듯 사방에' 튄 사태에 대하여 '이 빠진 그릇에 씨를 숨기고/ 추운 겨울을 인내하더니/ 자줏빛 꽃을 피'운 용설란에 대한 묘사는 서경(敍景)에 해당한다. 뒤이어 '며칠 후/ 딸이 첫 아이를 낳았다는 소식이 전해져왔다'고 진술하고 있는 부분은 의미를 견인해 내는 서정(抒情)에 해당한다. 이를 통해 화자는 고귀한 생명으로서 '움'의 탄생 배경에는 깨지는 아픔과 추위를 이겨낸 인고의 시간이 숨어 있다는 인식을 펼치고 있다. 이 같은 서경과 서정 구조는 언어를 절약하면서 효과적으로 깊은 의미를 견인해 내는데 유리하다.

뒤의 시에서도 그 같은 구조를 선명하게 읽어낼 수 있다. 교동도를 방문한 화자는 구구한 진술이 아닌 선명한 묘사를 통하여 자신의 답사 행적을 파악하도록 하고 있다. 즉 '50년대 시장의 삐뚤삐뚤한 입간판들', '처마 낮은 다방', '땡땡이 무늬 블라우스 파는 가게',

'고약을 파는 판잣집 약방', '하얀 면도 거품 냄새 익숙한 이발관' 등의 묘사를 통하여 시간을 거스른 듯 살아 있는 교동도의 사람살이를 잘 파악하도록 배치하고 있다. 이어서 '달팽이 기어가고 밤송이 터지는 소리도 폭포 같다// 과거로 돌아가/ 교동도 바다 너머/ 새 시대의 소란들/ 빨래처럼 내다 말리고 싶' 다고 마음을 표백하고 있다. 한껏 구구한 설명을 과감하게 생략한 가운데 화자의 의도가 십분 가슴에 와 닿도록 한 기량이 돋보이는 작품이다.

「곰팡이 꽃」, 「낙타」, 「들녘 풍경」 등 일련의 작품에도 그 같은 시적 구조가 잘 구현되어 있다.

이제까지 마선숙의 첫 시집에 담긴 시들을 일별해 보았다. 그는 이번 시집에서 일상의 잔잔한 사상(事象)들을 소재로 하고 있으면서도, 그것들이 환기하는 의미를 환유의 기법을 활용하여 새롭게 열어놓고 있다. 또한 진술이 아닌 명징한 이미지의 구현으로 읽는이들의 심상에 깊은 인상을 심으면서, 다기한 의미를 환기하고 있다.

그는 개인의 안녕을 넘어 가족과 이웃을 따스하게 감싸는 여성상을 그려 보이면서도, 제도와 권위에 귀속되지 않고 독자적인 여성의 길을 열어가는 데 집요한 노력을 기울이고 있다. 사랑과 희생의 정신으로 시종해온 어머니를 그리워하면서도, 그것을 넘어 어려움에 처한 여성들을 일으켜 세우는 이타행을 실천하는 인간상을 형상화하는 데 부심하고 있다.

따라서 그의 서정시는 아름다운 우리말을 구사하는 개인적 정서의 산물이기도 하지만, 독점과 소외를 넘어 함께 잘 사는 세계를 향한 공동체의 언어이다. 아름답게 펼쳐진 자연, 온몸으로 땀 흘리며 살아가는 민초들의 삶을 소재로 하고 있으면서도 직설이 아닌 메타포를 적절하게 구사함으로써 세계를 새롭게 들여다보는 눈을 읽는이들에게 선사하고 있다.

모쪼록 그가 이 같은 시적 성취를 더욱 갈고 다듬어 우리 시에 새로운 영토를 늘려 나가기를 빌면서 조촐한 논의를 마친다.

저녁, 십 분 전 여덟 시

찍은날 2018년 10월 25일
펴낸날 2018년 11월 1일
제2쇄 2018년 11월 15일
지은이 마선숙
펴낸이 박몽구
펴낸곳 도서출판 시와문화
주 소 (13955) 경기 안양시 동안구 경수대로883번길 33,
103동 204호(비산동 꿈에그린아파트)
전 화 (031)452-4992
E-mail poetpak@naver.com
등록번호 제2007-000005호 (2007년 2월 13일)

ISBN 978-89-94833-43-9(03810)

정 가 10,000원